DEZ DIAS COM
SÃO JOSÉ

Helena Corazza, fsp

DEZ DIAS COM SÃO JOSÉ

Coração de pai, Santo da interioridade

Dados Internacionais de Catalogação na Publicação (CIP)
(Câmara Brasileira do Livro, SP, Brasil)

Corazza, Helena
Dez dias com São José : coração de pai, santo da interioridade / Helena Corazza. – São Paulo : Paulinas, 2021.
56 p. (Confia em Deus)

ISBN 978-65-5808-039-8

1. José, Santo - Livros de oração e devoções 2. Santos cristãos 3. Fé 4. Vida cristã I. Título II. Série

20-0029 CDD 242.75

Índice para catálogo sistemático:

1. São José - Vida cristã e orações 242.75

Angélica Ilacqua – Bibliotecária – CRB-8/7057

Direção-geral: *Flávia Reginatto*
Editora responsável: *Marina Mendonça*
Copidesque: *Ana Cecília Mari*
Coordenação de revisão: *Marina Mendonça*
Revisão: *Sandra Sinzato*
Gerente de produção: *Felício Calegaro Neto*
Capa e diagramação: *Tiago Filu*

1ª edição – 2021
1ª reimpressão – 2021

Nenhuma parte desta obra poderá ser reproduzida ou transmitida por qualquer forma e/ou quaisquer meios (eletrônico ou mecânico, incluindo fotocópia e gravação) ou arquivada em qualquer sistema ou banco de dados sem permissão escrita da Editora. Direitos reservados.

Paulinas
Rua Dona Inácia Uchoa, 62
04110-020 – São Paulo – SP (Brasil)
Tel.: (11) 2125-3500
http://www.paulinas.com.br / editora@paulinas.com.br
Telemarketing e SAC: 0800-7010081

© Pia Sociedade Filhas de São Paulo – São Paulo, 2021

"Com coração de pai: assim José amou a Jesus, designado nos quatro Evangelhos como 'o filho de José'" (Lc 4,22).

Papa Francisco

Sumário

Introdução 9

1º DIA

José, um humilde carpinteiro 13
Pai trabalhador

2º DIA

José recebe o aviso do anjo, em sonho,
para que receba Maria como esposa.........................17
Pai na obediência

3º DIA

José e Maria vão a Belém para o recenseamento 21
Pai na obediência

4º DIA

José, Maria e o Menino recebem a visita
dos pastores no presépio..25
Pai no acolhimento

5º DIA

Os reis magos visitam Jesus 29
Pai na ternura

6º DIA

José e Maria apresentam Jesus ao Templo 33
Pai amado

7º DIA

José, Maria e o Menino fogem para o Egito 37
Pai de coragem criativa

8º DIA

José, Maria e Jesus voltam a Nazaré 41
Pai na sombra

9º DIA

José e Maria encontram Jesus no Templo
entre os doutores 45
Pai no acolhimento

10º DIA

Jesus desce a Nazaré e é obediente aos seus pais 49
Pai na ternura

Oração do Papa Francisco a São José 53

Fontes 55

Introdução

Costumamos olhar para São José como o esposo de Maria, o pai adotivo de Jesus, o santo da Divina Providência, o protetor dos trabalhadores, o padroeiro da Igreja Católica, o padroeiro dos agonizantes. Mas, para sinalizar todas essas realidades, José foi um santo que soube escutar a voz de Deus em contínuo e fazer a sua vontade. E, para isso, cultivou a interioridade, ou seja, a presença contínua de Deus.

Para cumprir a missão que o Senhor lhe confiou, José recebeu muitas revelações, talvez tantas quanto Maria. E ele teve a sensibilidade de notar a hora de Deus na vida de Jesus e seguir os apelos que lhe foram feitos em sonhos e revelados pelos acontecimentos. E, para perceber e seguir a voz de Deus, foi preciso dispor de uma grande interioridade, ou seja, de foco para escutar a voz do Espírito na missão de proteger a Sagrada Família, Jesus e Maria. Poderíamos sintetizar a vida de José no cuidado da vida de Jesus.

O Papa Francisco publicou a Carta apostólica *Patris corde* [Coração de pai], em 8 de dezembro de 2020, nos 150 anos da declaração de São José como padroeiro da Igreja Católica, pelo Beato Pio IX, feita em 8 de dezembro de 1870. Em sua carta, o papa assim define a missão de São José: "Com coração de pai: assim José amou a Jesus, designado nos quatro Evangelhos como 'o filho de José'" (Lc 4,22). Ele é uma figura extraordinária, tão próxima da condição humana, de cada um de nós. São José, um santo do silêncio comparado, por Francisco, às pessoas que fazem o bem no anonimato, o que é percebido, sobretudo, nos momentos de crise.

Nesses momentos experimentamos como "as nossas vidas são tecidas e sustentadas por pessoas comuns, habitualmente esquecidas, que não aparecem nas manchetes dos jornais e revistas, nem nas grandes passarelas do último espetáculo, mas que hoje estão, sem dúvida, escrevendo os acontecimentos decisivos da nossa história", diz o papa na carta. Essas pessoas podem ser comparadas a São José, um santo do silêncio que realizou o projeto de Deus porque se manteve na sua presença. Se pensarmos bem, ele viveu de forma concreta e consciente ao lado de Maria e de Jesus no dia a dia, sem nada de extraordinário.

O papa também diz que todos podem encontrar em São José – o homem que passa despercebido, o homem da presença cotidiana discreta e escondida – um intercessor, um amparo e uma guia nos momentos de dificuldade. Ele nos lembra de que todos aqueles que estão, aparentemente, escondidos ou em segundo plano, têm um protagonismo incomparável na história da salvação.

Toda essa trajetória de José deve-se a uma grande interioridade. Em sua vida atribulada e cheia de provações, ele soube viver na presença de Deus, escutando a sua voz, seja em sonhos, seja através dos acontecimentos cotidianos. Nas prescrições das leis civis e religiosas, Deus foi revelando o projeto que havia para ele no cuidado do Filho de Deus e de Maria.

Dez dias com São José vai percorrer o caminho dos anúncios que Deus fez a José "por causa de Jesus" (1Cor 4,10). Vamos rezar e interiorizar esses anúncios na missão de cuidar da vida do Filho de Deus, com um texto da Palavra de Deus, uma pequena reflexão e uma oração.

A cada dia, associamos também as características que o Papa Francisco dá a São José na sua carta "Coração de pai": pai amado, pai na ternura, pai na obediência, pai no acolhimento, pai na coragem criativa, pai trabalhador, pai na sombra. Os encontros não seguem a ordem da carta e alguns são repetidos.

A contemplação, a reflexão e a oração dos acontecimentos da vida de José, Maria e Jesus, conforme os Evangelhos, projetam luz para os acontecimentos de hoje e ajudam no cultivo da própria interioridade.

1º DIA

José, um humilde carpinteiro

Pai trabalhador

Palavra de Deus

Jesus foi para sua terra natal, e lhes ensinava em sua sinagoga, de tal modo que eles diziam admirados: "Donde lhe vêm essa sabedoria e esses prodígios? Não é este o filho do carpinteiro?" (Mt 13,54-55a).

Reflexão

São José é caracterizado, no Evangelho, como um homem que trabalhava. Ele exercia sua profissão e garantia honestamente o sustento da família. Jesus aprendeu, com seu pai José, o valor, a dignidade e a alegria do que significa comer o pão que é fruto do próprio esforço. Todo serviço realizado na presença de Deus, com Jesus, se torna missão e contribui na obra da Criação.

O Papa Francisco diz: "Neste nosso tempo em que o trabalho parece ter voltado a constituir uma urgente questão social e o desemprego atinge por vezes níveis impressionantes, mesmo em países onde se experimentou durante várias décadas certo bem-estar, é necessário tomar renovada consciência do significado do trabalho que dignifica e do qual o nosso santo é patrono e exemplo". E nos convida a pedir: "Peçamos a São José Operário que encontremos vias onde nos possamos comprometer até se dizer: nenhum jovem, nenhuma pessoa, nenhuma família sem trabalho!".

Oração

Rezemos para que todos tenham um trabalho digno para seu sustento e de suas famílias e que o realizem sentindo a presença de Deus.

São José, nós vos veneramos como modelo dos trabalhadores, amigo dos pobres, consolador de migrantes e outros sofredores, o santo da Providência. Representastes na terra a bondade e o cuidado universal do Pai celeste. Fostes carpinteiro em Nazaré e mestre de trabalho do Filho de Deus, que se fez por nós humilde operário.

Com vossas orações, socorrei os que se esforçam no trabalho intelectual, moral e material. Obtende para as nações uma legislação conforme ao Evangelho e ao espírito da caridade cristã, e uma ordem em conformidade com a justiça e a paz (Livro de orações Família Paulina, p. 146).

São José, rogai por nós.

2º DIA

José recebe o aviso do anjo, em sonho, para que receba Maria como esposa

Pai na obediência

Palavra de Deus

A origem de Jesus, Cristo, se deu assim: Maria, sua mãe, estando comprometida com José – mas antes de viverem juntos –, encontrou-se grávida por obra do Espírito Santo. José, seu esposo, sendo justo mas não querendo difamá-la publicamente, decidiu repudiá-la em segredo. Mas, enquanto refletia sobre isso, o anjo do Senhor apareceu-lhe em sonho e disse: "José, filho de Davi, não tenhas receio em receber Maria, tua mulher, pois o que nela foi gerado vem do Espírito Santo. [...] Quando José despertou do sono, fez o que o anjo do Senhor lhe tinha ordenado. Ele recebeu sua mulher, e não teve relações com ela até que deu à luz um filho, a quem pôs o nome de Jesus" (Mt 1,18-20.24-25).

Reflexão

Ao saber da gravidez de Maria, e por ser um "homem justo", temente a Deus e respeitador do próximo, José resolveu abandonar Maria em segredo para poupá-la do apedrejamento, a punição da sociedade da época. Mas, por meio do anjo, Deus fala com José, como aconteceu com Maria, e este, escutando e seguindo essa voz, manifesta sua profunda interioridade, o que o torna fiel ao projeto do Pai.

O Papa Francisco afirma: "No primeiro sonho, o anjo ajuda-o a resolver o seu grave dilema: 'José, filho de Davi, não tenhas receio em receber Maria, tua mulher, pois o que nela foi gerado vem do Espírito Santo. Ela dará à luz um filho, e tu lhe porás o nome de Jesus, pois ele salvará seu povo de seus pecados' (Mt 1,20-21). A sua resposta foi imediata: 'Quando José despertou do sono, fez o que o anjo do Senhor lhe tinha ordenado' (Mt 1,24). Com a obediência, superou o seu drama e salvou Maria".

Oração

Rezemos por todos os pais e mães de família para que acolham a voz de Deus nas circunstâncias da vida, a fim de melhor vivenciarem o projeto de Deus em sua vida.

São José, fiel esposo de Maria, humildemente imploramos que nos alcanceis a verdadeira devoção a Maria. Por vontade divina, vossa missão se associou à dela. Partilhastes com Maria sofrimentos e alegrias; com ela buscastes viver uma vida de virtudes, de trabalho e merecimentos, união de coração e mente. Ó São José, rogai pelos pais e mães de família. Alcançai-nos a graça de compreender a santíssima Virgem Maria, imitá-la, amá-la e invocá-la sempre. Atraí todos ao materno coração de Maria (*Livro de orações Família Paulina*, p. 148).

São José, rogai por nós.

3º DIA

José e Maria vão a Belém para o recenseamento

Pai na obediência

Palavra de Deus

Naqueles dias, saiu um decreto de César Augusto para que se fizesse um recenseamento de todo o mundo habitado. Esse foi o primeiro recenseamento realizado enquanto Quirino era governador da Síria. Todos iam registrar-se em sua cidade. Também José, por ser da casa de Davi, subiu da cidade de Nazaré, na Galileia, até a cidade de Davi, chamada Belém, na Judeia, para registrar-se com Maria, desposada com ele e que se encontrava grávida (Lc 1,1-5).

Reflexão

José e Maria vão cumprir seus deveres de cidadãos e chegam em Belém para o recenseamento, conforme decreto do imperador César Augusto, que impunha a cada um registrar-se na sua cidade de origem. Maria estava perto de dar à luz, e a viagem de Nazaré a Belém era longa e cansativa, além disso, as condições eram precárias. Chegando ali, completaram-se os dias para o nascimento. Procuraram lugar para a criança nascer, e só encontraram uma estrebaria, "porque não havia lugar para eles na sala" (cf. Lc 2,7). Nessas circunstâncias nasceu Jesus, sendo inscrito no registro do Império, como todos os outros meninos.

O Papa Francisco recorda que o que Deus disse a São José: "'José, filho de Davi, não temas' (Mt 1,20) –, parece repeti-lo a nós também: 'Não tenhais medo!'".

Oração

Rezemos pedindo a São José o espírito de vida interior, que nos faz agir a partir do encontro pessoal com Jesus.

São José, modelo de toda a virtude, obtende para nós o vosso espírito de vida interior. No silêncio amoroso e ativo, na prática das prescrições religiosas e sociais, na docilidade à vontade de Deus, alcançastes altíssimo grau de santidade e glória celeste. Obtende-nos aumento de fé, esperança e caridade; abundância dos dons do Espírito Santo (*Livro de orações Família Paulina*, p. 145-146).

São José, rogai por nós.

4º DIA

José, Maria e o Menino recebem a visita dos pastores no presépio

Pai no acolhimento

Palavra de Deus

E, enquanto estava ali, completaram-se os dias para ela dar à luz, e ela deu à luz seu filho primogênito; envolveu-o com faixas e o recostou numa manjedoura, porque não havia lugar para eles na sala. Na mesma região havia alguns pastores passando a noite nos campos e cuidando do rebanho. Um anjo do Senhor se apresentou a eles e a glória do Senhor resplandeceu em volta deles [...] Foram às pressas e encontraram Maria, José e o recém-nascido deitado na manjedoura (Lc 2,6-9.16).

Reflexão

Como pai amoroso, José cuida do mistério de Deus que se concretiza nesta cena de Belém em que os pastores, pessoas simples que representam o povo de Israel, são informados pelos anjos do nascimento do Salvador e vão ali adorar o Menino. José também acolhe a visita dos magos que vêm do Oriente e que representam os povos pagãos, sensíveis aos sinais de Deus, tão sensíveis que o Evangelho registra que, avisados em sonhos, retornam para casa por outro caminho, também para salvar a vida do Filho de Deus.

"A vida espiritual que José nos mostra não é um caminho que explica, mas um caminho que acolhe. Só a partir deste acolhimento, desta reconciliação, é possível intuir também uma história mais excelsa, um significado mais profundo", diz o papa.

Francisco também recorda que o acolhimento de José convida-nos a receber os outros, sem exclusões, tal como são, reservando uma predileção especial pelos mais frágeis, porque Deus escolhe o que é frágil, é "pai dos órfãos e defensor das viúvas" e manda amar o forasteiro.

Possivelmente foi da observação do modo de proceder de José que Jesus terá tirado inspiração para escrever a parábola do filho pródigo e do pai misericordioso.

Oração

Rezemos a São José para que nos conduza nos caminhos da vida.

Salve, guardião do Redentor e esposo da Virgem Maria. A vós, Deus confiou o seu Filho; em vós, Maria depositou a sua confiança; convosco, Cristo tornou-se homem. Ó bem-aventurado José, mostrai-vos pai também para nós e guiai--nos no caminho da vida. Alcançai-nos graça, misericórdia e coragem, e defendei-nos de todo mal. Amém (Papa Francisco).

São José, rogai por nós!

5º DIA

Os reis magos visitam Jesus

Pai na ternura

Palavra de Deus

Tendo Jesus nascido em Belém da Judeia, no tempo do rei Herodes, alguns magos vindos do Oriente chegaram a Jerusalém, perguntando: "Onde está o recém-nascido rei dos judeus? Vimos surgir sua estrela e viemos reverenciá-lo". [...] Depois de ouvirem o rei eles partiram. De pronto a estrela que eles tinham visto surgir começou a guiá-los até que, tendo chegado sobre o lugar onde estava o menino se deteve. Ficaram extremamente felizes em ver a estrela. Ao entrar na casa viram o menino com Maria, sua mãe, e, prostrando-se, reverenciaram-no. Então abriram os cofres e lhe ofereceram presentes: ouro, incenso e mirra. Advertidos em sonho para que não retornassem a Herodes, partiram para sua terra por outro caminho (Mt 2,1-2.9-12).

Reflexão

José e Maria recebem a visita dos magos, que vêm do Oriente e não fazem parte do povo da promessa. Eles representam os chamados "pagãos", que acreditam em outras divindades, entretanto, conforme o relato bíblico, buscam o novo rei dos judeus que vai chegar, conforme anunciado nas Escrituras. É importante notar que os magos foram avisados em sonho para que retornassem por outro caminho e não voltassem a Herodes, que planejava a matança das crianças. Os magos se encontram na categoria das pessoas de boa vontade que, mesmo professando sua fé em outra divindade, preservam os valores da dignidade humana, do respeito à vida, e sabem ouvir a voz da consciência no respeito ao semelhante.

O Papa Francisco diz que, a partir das contrariedades, observa-se que "José foi chamado por Deus para servir diretamente a Pessoa e a missão de Jesus, mediante o exercício da sua paternidade: desse modo, precisamente, ele coopera no grande mistério da redenção, quando chega a plenitude dos tempos, e é verdadeiramente ministro da salvação".

Oração

Rezemos para que Jesus Cristo seja conhecido, acolhido e amado por todos os povos.

Ó São José, pai da ternura e da acolhida, olhai para todos os povos e culturas que buscam o sentido profundo da vida. Que, no respeito e acolhida às diferentes culturas, a Igreja possa anunciar o Verbo da vida e ser sinal de sua presença de paz.

São José, rogai por nós!

6º DIA

José e Maria apresentam Jesus ao Templo

Pai amado

Palavra de Deus

Quando se completaram os oito dias para circuncidá-lo, foi-lhe dado o nome de Jesus, o nome dado pelo anjo antes de ele ter sido concebido. Quando se completaram os dias para eles se purificarem, conforme a Lei de Moisés levaram-no a Jerusalém para apresentá-lo ao Senhor: "Todo primogênito varão será consagrado ao Senhor", para oferecer um sacrifício na lei do Senhor: "Um par de rolas ou dois pombinhos". [...] Seu pai e sua mãe ficaram admirados com o que diziam a respeito dele (Lc 2,21-24.33).

Reflexão

No Templo, quarenta dias depois do nascimento, José, juntamente com a mãe, ofereceu o Menino ao Senhor e ouviu a profecia que Simeão fez a respeito de Jesus e Maria. Ele cumpre seus deveres perante o Templo, observando as prescrições da Lei, os ritos da circuncisão de Jesus, da purificação de Maria após o parto, a oferta do primogênito a Deus com o presente dos pobres: um par de rolas ou dois pombinhos. José acolhe as prescrições da Lei e diz o seu sim com Maria e com Jesus.

Falando de José como "pai amado", o Papa Francisco afirma que: "'Ao longo da vida oculta em Nazaré, na escola de José, ele aprendeu a fazer a vontade do Pai. Tal vontade torna-se o seu alimento diário' (cf. Jo 4,34). Mesmo no momento mais difícil da sua vida, vivido no Getsêmani, preferiu que se cumprisse a vontade do Pai, e não a sua, fazendo-se 'obediente até à morte de cruz' (Fl 2,8). Por isso, o autor da Carta aos Hebreus conclui que Jesus 'aprendeu a obediência por aquilo que sofreu'" (Hb 5,8).

Oração

Rezemos para que pais e mães possam apresentar seus filhos e filhas à comunidade e iniciá-los no caminho da fé, na família como Igreja doméstica.

São José, fiel cooperador em nossa redenção, tende compaixão da pobre humanidade, ainda envolta em tantos erros, vícios e superstições. Fostes dócil instrumento nas mãos do Pai celeste, preparando tudo para o nascimento e a infância de Jesus, a fim de apresentar aos seres humanos a vítima, o sacerdote, o mestre divino. Ó santo docilíssimo à vontade de Deus, alcançai-nos o zelo pelas vocações e sua formação. Para nós, pedimo-vos generosa e constante correspondência ao precioso dom do chamado de Deus (*Livro de orações Família Paulina*, p. 145).

São José, rogai por nós.

7º DIA

José, Maria e o Menino fogem para o Egito

Pai de coragem criativa

Palavra de Deus

Assim que eles partiram, o anjo do Senhor apareceu em sonho a José e lhe disse: "Levanta-te, pega o menino e sua mãe, e foge para o Egito; fica lá até que eu te avise, pois Herodes vai buscar o menino para eliminá-lo". José se levantou, pegou o menino e sua mãe, e partiu de noite para o Egito. Ficou lá até a morte de Herodes. Assim, cumpriu-se o que disse o Senhor pelo profeta: "Do Egito chamei o meu filho" (Mt 2,13-15).

Reflexão

No segundo sonho, o anjo dá esta ordem a José: "Levanta-te, pega o menino e sua mãe, e foge para o Egito; fica lá até que eu te avise, pois Herodes vai buscar o menino para eliminá-lo". José não hesitou em obedecer, sem questionar as dificuldades que encontraria: "José se levantou, pegou o menino e sua mãe, e partiu de noite para o Egito. Ficou lá até a morte de Herodes". Ante o perigo iminente de Herodes, que queria matar o Menino, de novo em sonhos José é alertado para defendê-lo e, no coração da noite, organizou a fuga para o Egito (cf. Mt 2,13-14).

O Papa Francisco diz: "O Evangelho não dá informações relativas ao tempo que Maria, José e o Menino permaneceram no Egito. Mas certamente tiveram de comer, encontrar uma casa, um emprego. Não é preciso muita imaginação para preencher o silêncio do Evangelho a esse respeito. A Sagrada Família teve que enfrentar problemas concretos, como todas as outras famílias, como muitos dos nossos irmãos migrantes que ainda hoje arriscam a vida forçados pelas desventuras e a fome. Neste sentido, creio que São José seja verdadeiramente um padroeiro especial para quantos têm que deixar a sua terra por causa das guerras, do ódio, da perseguição e da miséria".

Oração

Rezemos por todos os migrantes e refugiados e pela santa Igreja.

São José, protetor da Igreja Católica, volvei benigno os olhos para o papa e os bispos, o clero, os religiosos e os cristãos em geral: rogai pela santificação de todos. A Igreja, fruto do sangue de Jesus, vosso Filho adotivo. Nós vos confiamos as nossas súplicas pela expansão, liberdade e santidade da Igreja. Defendei-a dos erros e de todo o mal, assim como salvastes outrora, das mãos de Herodes, a vida ameaçada de Jesus. Que se realize o grande desejo de Jesus: "Um só rebanho e um só pastor" (*Livro de orações Família Paulina*, p. 150).

São José, rogai por nós.

8º DIA

José, Maria e Jesus voltam a Nazaré

Pai na sombra

Palavra de Deus

Depois que Herodes morreu, o anjo do Senhor apareceu em sonho a José no Egito e lhe disse: "Levanta-te, pega o menino e sua mãe, e volta para Israel". [...] Mas quando soube que Arquelau reinava na Judeia, como sucessor de seu pai, Herodes, teve medo de ir para lá. Advertido em sonho, partiu para a região da Galileia e foi morar numa cidade chamada Nazaré (Mt 2,19.22-23).

Reflexão

Regressando à pátria, José viveu no escondido na pequena e ignorada cidade de Nazaré, na

Galileia – de onde se dizia que de lá "não sairá nenhum profeta" (Jo 7,52), nem "poderá vir alguma coisa boa" (Jo 1,46) –, longe de Belém, a sua cidade natal, e de Jerusalém, onde se erguia o Templo.

O Papa Francisco assim reflete: "Ser pai significa introduzir o filho na experiência da vida, na realidade. Não segurá-lo, nem prendê-lo, nem subjugá-lo, mas torná-lo capaz de opções, de liberdade, de partir. Talvez seja por isso que a tradição, referindo-se a José, ao lado do apelido de pai colocou também o de 'casticismo'. Não se trata duma indicação meramente afetiva, mas é a síntese duma atitude que exprime o contrário da posse. A castidade é a liberdade da posse em todos os campos da vida. Um amor só é verdadeiramente tal, quando é casto. O amor que quer possuir acaba sempre por se tornar perigoso: prende, sufoca, torna infeliz. O próprio Deus amou o homem com amor casto, deixando-o livre inclusive de errar e opor-se a ele. A lógica do amor é sempre uma lógica de liberdade, e José soube amar de maneira extraordinariamente livre. Nunca se colocou a si mesmo no centro; soube descentralizar-se, colocar Maria e Jesus no centro da sua vida".

Oração

Rezemos para que os pais sejam exemplo de cuidado para com seus filhos e cultivem a vida interior por meio da oração e do relacionamento fraterno.

São José, pai adotivo de Jesus, eu bendigo ao Senhor pelas vossas comunicações com ele durante a sua infância e juventude em Belém, no Egito e em Nazaré. Vós o amastes paternalmente e fostes por ele filialmente amado. A vossa fé vos fazia adorar nele o Filho de Deus encarnado, enquanto ele vos obedecia, servia e escutava. Vivíeis com ele em suaves conversações, comunhão de trabalho, penas e alegrias. Obtende-nos a graça de jamais pecar, para não ofendermos ou perdermos Jesus (*Livro de orações Família Paulina*, p. 147).

São José, rogai por nós.

9º DIA

José e Maria encontram Jesus no Templo entre os doutores

Pai no acolhimento

Palavra de Deus

Todos os anos, seus pais iam a Jerusalém para a festa da Páscoa. Quando Jesus fez doze anos, eles subiram como de costume, para a festa. Passados aqueles dias, eles regressaram, mas o menino Jesus ficou em Jerusalém sem que seus pais o soubessem. Pensando que estivesse na caravana, andaram um dia inteiro antes de começar a procurá-lo entre os parentes e conhecidos. Como não o encontrassem, regressaram a Jerusalém à sua procura. Depois de três dias, o encontraram no Templo, sentado em meio aos mestres, ouvindo-os e fazendo-lhes perguntas. Todos os que o ouviam ficavam extasiados por sua inteligência e suas respostas. Eles ficaram desconcertados, e sua mãe lhe disse: "Filho, por que agiste assim conosco? Teu pai e eu te procurávamos angustiadamente!" Ele lhes disse: "Por que me procuráveis? Não sabíeis que devo me ocupar dos assuntos do meu Pai?"; mas eles não compreenderam o que lhes dissera (Lc 2,41-50).

Reflexão

José, Maria e Jesus cumprem seus deveres religiosos no Templo de Jerusalém como as demais famílias, entretanto, o Filho tem uma missão que começa a se revelar e, para os pais, não é fácil entender isso, entretanto, no seu espírito de vida interior, acolhem essa missão.

O Papa Francisco diz que "José não é um homem resignado passivamente. O seu protagonismo é corajoso e forte. O acolhimento é um modo pelo qual se manifesta, na nossa vida, o dom da fortaleza que nos vem do Espírito Santo. Só o Senhor nos pode dar força para acolher a vida como ela é, aceitando até mesmo as suas contradições, imprevistos e desilusões". E complementa: "longe de nós pensar que crer signifique encontrar fáceis soluções consoladoras. Antes, pelo contrário, a fé que Cristo nos ensinou é a que vemos em São José, que não procura atalhos, mas enfrenta de olhos abertos aquilo que lhe acontece, assumindo pessoalmente a responsabilidade por isso".

Oração

Rezemos para que a família seja uma escola de fé e ajude os filhos a encontrarem sua vocação ao serviço a Deus e à sociedade.

A vós, São José, recorremos em nossa tribulação e, depois de termos implorado o auxílio de vossa santíssima esposa, cheios de confiança solicitamos também o vosso patrocínio. Por este laço sagrado de caridade que vos uniu à Virgem imaculada, Mãe de Deus, e pelo amor paternal que tivestes ao Menino Jesus, ardentemente, vos suplicamos que lanceis um olhar benigno sobre a herança que Jesus Cristo conquistou com o seu sangue e nos socorrais em nossas necessidades com vosso auxílio e poder. Protegei, ó guarda providente da divina família, o povo eleito de Jesus Cristo (*Livro de orações Família Paulina*, p. 265).

São José, rogai por nós.

10º DIA

Jesus desce a Nazaré e é obediente aos seus pais

Pai na ternura

Palavra de Deus

Jesus desceu com eles a Nazaré e lhes era obediente. Sua mãe guardava tudo isso em seu coração. Jesus crescia em sabedoria, estatura e em graça diante de Deus e dos homens (Lc 2,51-52).

Reflexão

Jesus foi com José e Maria a Nazaré e lhes era obediente. A obediência nasce da escuta e da consciência do projeto de Deus na própria vida. É possível concluir também que José, na sua função de chefe de família, ensinou Jesus a ser submisso aos pais, a respeitá-los, segundo o mandamento de Deus, pois, como judeus, frequentavam a sinagoga e aprenderam o "Escuta, Israel".

O Papa Francisco lembra que "Jesus viu a ternura de Deus em José: 'Como um pai se compadece dos filhos, assim o Senhor se compadece dos que o temem' (Sl 103,13). Com certeza, José terá ouvido ressoar na sinagoga, durante a oração dos Salmos, que o Deus de Israel é um Deus de ternura, que é bom para com todos e 'a sua ternura repassa todas as suas obras' (Sl 145,9)".

Oração

Rezemos para que as famílias possam viver num ambiente de compreensão e diálogo.

São José, fiel cooperador em nossa redenção, tende compaixão da pobre humanidade, ainda envolta em tantos erros, vícios e superstições. Fostes dócil instrumento nas mãos do Pai celeste, preparando tudo para o nascimento e a infância de Jesus, a fim de apresentar aos seres humanos a vítima, o sacerdote, o mestre divino. Ó santo docilíssimo à vontade de Deus, alcançai-nos o zelo pelas vocações e sua formação.

Para nós, pedimo-vos generosa e constante correspondência ao precioso dom do chamado de Deus (*Livro de orações Família Paulina*, p. 145).

São José, rogai por nós.

Oração do Papa Francisco a São José

Salve, guardião do Redentor
e esposo da Virgem Maria!
A vós, Deus confiou o seu Filho;
em vós, Maria depositou a sua confiança;
convosco, Cristo tornou-se homem.

Ó bem-aventurado José,
mostrai-vos pai também para nós
e guiai-nos no caminho da vida.
Alcançai-nos graça, misericórdia e coragem,
e defendei-nos de todo mal. Amém.

Fontes

A Bíblia. Novo Testamento. São Paulo, Paulinas, 2016.

Livro de orações Família Paulina. São Paulo, Paulus, 2017.

Carta Apostólica do Papa Francisco. http://www.vatican.va/content/francesco/pt/apost_letters/documents/papa-francesco-lettera-ap_20201208_patris-corde.html

Paulinas

Rua Dona Inácia Uchoa, 62
04110-020 – São Paulo – SP (Brasil)
Tel.: (11) 2125-3500
http://www.paulinas.com.br – editora@paulinas.com.br
Telemarketing e SAC: 0800-7010081